Criaturas diminutas

TIME
FOR KIDS

T0136516

Timothy J. Bradley

Consultores

Timothy Rasinski, Ph.D.
Kent State University

Lori Oczkus
Consultora de alfabetización

Tejdeep Kochhar
Maestro de biología de
escuela preparatoria

Basado en textos extraídos de
TIME For Kids. *TIME For Kids* y el logotipo
de *TIME For Kids* son marcas registradas
de TIME Inc. Utilizados bajo licencia.

Créditos de publicación

Dona Herweck Rice, *Jefa de redacción*
Conni Medina, *Directora editorial*
Lee Aucoin, *Directora creativa*
Jamey Acosta, *Editora principal*
Lexa Hoang, *Diseñadora*
Stephanie Reid, *Editora de fotografía*
Rane Anderson, *Autora colaboradora*
Rachelle Cracchiolo, *M.S.Ed., Editora
comercial*

Créditos de imágenes: tapa, págs. 1, 6,
7 (arriba), 8, 14–17,18 (arriba y abajo), 19
(centro), 21, 24 (arriba), 26–27 (arriba), 28–
29, 38 (izquierda), 39, 45: Photo Researchers,
Inc. págs. 10–11, 22–23, 32–33, 35, 40–41:
Timothy J. Bradley; págs. 18 (izquierda), 43:
BigStock; págs. 8–9: Getty Images/Flickr;
págs. 14, 30–31: iStockphoto; todas las
demás imágenes de Shutterstock.

Teacher Created Materials

5301 Oceanus Drive
Huntington Beach, CA 92649-1030
http://www.tcmpub.com
ISBN 978-1-4333-7095-3
© 2013 Teacher Created Materials, Inc.
Printed in China
YiCai.032019.CA201901471

Tabla de contenido

Vidas pequeñas

Las criaturas enormes, como las ballenas y los leones, reciben mucha atención. Sin embargo, en nuestro planeta existen miles de millones de criaturas que no se ven. Sus cantidades son inmensas. ¡Y también lo son sus efectos!

Ser diminuto tiene sus ventajas. Estas criaturas necesitan menos recursos para sobrevivir y reproducirse. Algunas de las criaturas más diminutas son las más fuertes y pueden sobrevivir a algunas condiciones que matarían a cualquier ser humano. ¡Bucea en este mundo extraño e invisible, y descubre lo diminutas que pueden volverse estas criaturas!

ácaro del polvo

Las imágenes en este libro han sido aumentadas... ¡MUCHÍSIMO! Algunas de ellas se muestran con un tamaño 100 veces mayor que el natural.

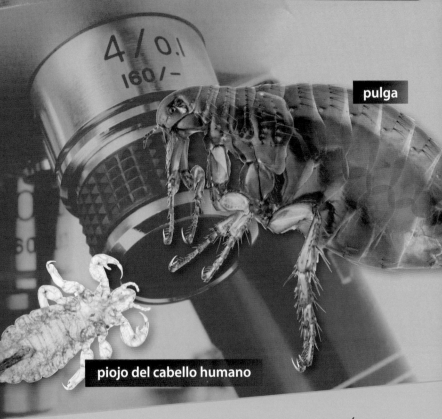

pulga

piojo del cabello humano

PARA PENSAR

1 ¿Cuáles son las criaturas más pequeñas de la Tierra?

2 ¿Cuáles son las ventajas de ser pequeño?

3 ¿Por qué las criaturas diminutas son tan importantes?

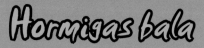

Hormigas bala

Las hormigas bala construyen sus nidos en la base de los árboles de la selva tropical. Estas hormigas tienen el aguijón más doloroso del mundo. Las víctimas tiemblan y gimen cuando el **veneno** de estas hormigas afecta sus músculos. El intenso dolor se extiende durante días.

Las hormigas bala no son criaturas **agresivas**, pero defienden su nido si este es perturbado. Las hormigas bala obreras buscan alimento en las capas superiores de la selva tropical. Utilizan su **potente** aguijón para matar a sus presas. Las múltiples picaduras de estos pequeños insectos pueden matar a un ser humano.

El aguijón y el veneno se encuentran en la parte posterior del cuerpo de la hormiga bala.

Índice de dolor de Schmidt

El científico Justin Schmidt ¡ha sido picado por más de 150 tipos diferentes de insectos! Sobre la base de su experiencia, creó un sistema para comparar las picaduras de los diferentes insectos. Echa un vistazo a la clasificación que él hace de la picadura de estas horribles criaturas en su índice de dolor de picaduras.

4.0+ Hormiga bala

Una picadura en el dedo del pie te hará sentir como si tuvieras todo el pie en llamas. Evita a toda costa a esta poderosa hormiga.

4.0 Avispa caza tarántulas

Es tan doloroso como meter el dedo en una toma de corriente eléctrica.

3.0 Avispa papelera

Se siente como ácido vertido sobre un corte hecho con papel. ¡Espantoso!

2.0 Avispón de cara blanca

Los expertos dicen que es como agarrarse la mano con una puerta.

1.0 Abeja del sudor

Intenta arrancarte un solo vello de tu brazo. Es parecido a cómo se siente.

Asesinos mortales

Al igual que muchas arañas, la araña **asesina** es pequeña pero mortal. Sin embargo, es diferente de otros **arácnidos**. Un asesino es una persona que mata a otra en un ataque sorpresa. La mayoría de las arañas se alimentan de insectos, pero la araña asesina se alimenta de otras arañas. ¡Por eso se las llama *asesinas*!

La araña asesina fue descubierta en forma reciente. Los científicos creen que existen cientos de arañas nuevas aún por descubrirse.

Descubrimiento

Hace cuarenta millones de años, una araña diminuta se metió en una burbuja de savia de árbol. Con el tiempo, la savia se endureció y se convirtió en ámbar. En la década de 1840 se encontró un trozo de ámbar, en cuyo interior se encontró un fósil de araña asesina. Antes de ese momento nadie había visto una araña como esta. Treinta años después se descubrió la primera araña asesina viva.

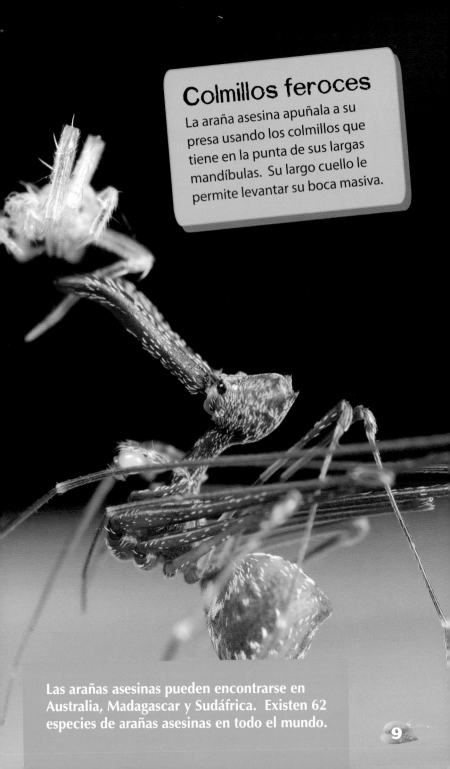

Colmillos feroces

La araña asesina apuñala a su presa usando los colmillos que tiene en la punta de sus largas mandíbulas. Su largo cuello le permite levantar su boca masiva.

Las arañas asesinas pueden encontrarse en Australia, Madagascar y Sudáfrica. Existen 62 especies de arañas asesinas en todo el mundo.

¡MÁS EN PROFUNDIDAD!

¡La asesina ataca!

La araña asesina ataca a su presa desde lejos. Su cabeza, cuello y mandíbulas son muy largas... ¡tienen la longitud perfecta para atacar!

1 La astuta asesina se acerca a la telaraña de otra araña. Tira de una hebra y la telaraña se mueve. ¡La otra araña se entusiasma! Cree que un insecto quedó atrapado en su telaraña. Lo que menos se imagina es que la asesina la está esperando.

2 La asesina espera el momento perfecto. Cuando la otra araña se acerca, clava sus filosos colmillos en el cuerpo de la víctima.

3 La asesina levanta a su víctima del suelo. El veneno mortal fluye a través de sus colmillos a la otra araña.

4 La araña asesina retrae la cabeza y las mandíbulas. ¡Es hora del festín!

Garrapatas

Estos pequeños **parásitos** se alimentan de sangre. La mayoría de las garrapatas chupan la sangre de pájaros y mamíferos, incluidos los seres humanos. Las garrapatas cortan la piel. Luego se alimentan de la sangre de la víctima. Después de una comida abundante y sangrienta, el cuerpo de una garrapata puede hincharse de 200 hasta 600 veces su tamaño.

Las garrapatas pueden transmitir enfermedades a los seres humanos y a otros animales. Incluso pueden transmitir más de una enfermedad a sus **huéspedes**. Se sabe que las garrapatas transmiten la enfermedad de Lyme y la fiebre de las Montañas Rocosas.

Chupadores antiguos

Los científicos creen que las garrapatas aparecieron en la Tierra hace mucho tiempo. Se han encontrado fósiles de garrapatas del **período cretácico**. Los fósiles datan de 65.5 a 145.5 millones de años. En esa época, los dinosaurios gobernaban la Tierra.

Cómo sacar una garrapata

Esta es la mejor manera de quitar una garrapata. (Asegúrate de que haya un adulto cerca para ayudar).

➤ Toma el cuerpo de la garrapata cerca de la cabeza con una pinza.

➤ Arráncala.

➤ ¡Consulta a un médico!

Piojos

Los piojos son insectos diminutos y sin alas. Estos parásitos se alimentan de los pájaros y los mamíferos, incluidos los seres humanos. Muchas especies de piojos se alimentan de la piel muerta de sus huéspedes. Otros piojos se alimentan de sangre. Al igual que muchos parásitos, los piojos pueden transmitir enfermedades a sus huéspedes.

Los piojos son conocidos por anidar en el cabello humano. Los pequeños insectos se contagian fácilmente de una persona a otra. Los piojos adultos ponen huevos y usan su saliva para pegar los huevos al cabello. Cuando se seca, la saliva actúa como un fuerte pegamento. Cuando los piojos pican, el huésped puede tener comezón en el cuero cabelludo. Existen champús y lociones especiales que matan a los piojos.

El gran salto

Los científicos creen que los piojos pasaron de los gorilas a los seres humanos hace aproximadamente dos millones de años.

¿Cuándo un piojo NO es un piojo?

En inglés, cuando hay más de un piojo se llaman *lice*. Si hay solo uno, se llama *louse*. Es más fácil el plural en español.

Dash el perro estaba lleno de piojos (*lice*).

Después de que el veterinario lo lavó con champú, le quedó un solo piojo (*louse*).

Pulgas

Las pulgas tienen la habilidad de saltar distancias 200 veces mayores que la longitud de su propio cuerpo. Es una de las mejores saltadoras del mundo de los insectos.

Las pulgas no tienen alas, pero tienen bocas que están diseñadas para perforar la piel. El cuerpo de una pulga es chato y duro. Si pisas una pulga, no le pasará nada.

Estas plagas se reproducen muy fácilmente. Una pulga madre puede producir cientos de pulgas bebés. Y todas ellas buscan sangre. Las pulgas sobreviven picando a sus huéspedes y bebiéndose la sangre. Debido a que se reproducen con tanta velocidad, las pulgas pueden convertirse muy rápidamente en un problema grande y molesto.

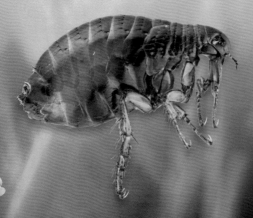

Una pulga hembra pone más de 2,000 huevos durante toda su vida. ¡Solo se necesita una pulga embarazada para infestar una casa entera!

¡Basta de rascarse!

Cuando una pulga pica a un ser humano, inyecta su saliva en la mordedura. La saliva produce una reacción alérgica, y eso hace que la mordedura pique. Las picaduras de pulga se pueden calmar con una crema que alivia la picazón. ¡Trata de no rascarte!

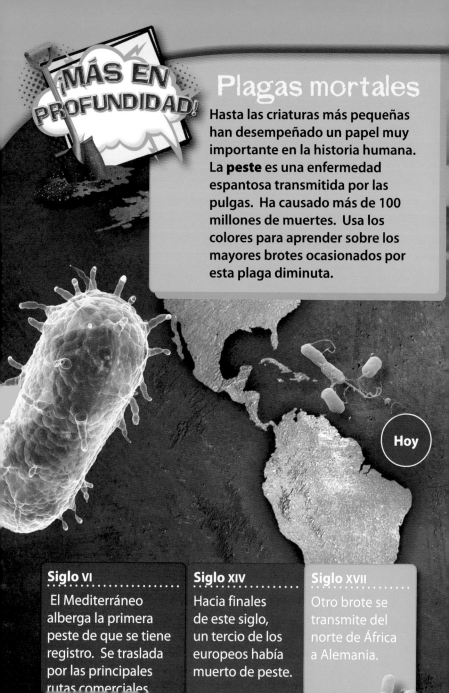

Plagas mortales

Hasta las criaturas más pequeñas han desempeñado un papel muy importante en la historia humana. La **peste** es una enfermedad espantosa transmitida por las pulgas. Ha causado más de 100 millones de muertes. Usa los colores para aprender sobre los mayores brotes ocasionados por esta plaga diminuta.

Hoy

Siglo VI

El Mediterráneo alberga la primera peste de que se tiene registro. Se traslada por las principales rutas comerciales

Siglo XIV

Hacia finales de este siglo, un tercio de los europeos había muerto de peste.

Siglo XVII

Otro brote se transmite del norte de África a Alemania.

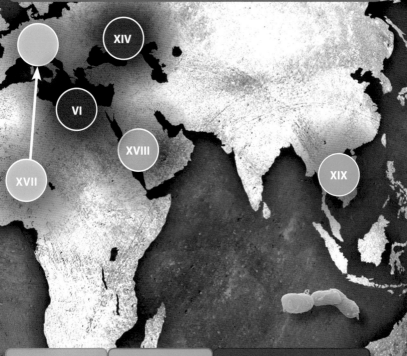

Síntomas de la enfermedad

Si tienes la peste, lo sabrás a los pocos días. Presta atención a los siguientes síntomas.

dolores de cabeza
fiebre
vómitos

escalofríos
dolor muscular

una extraña
sensación
de felicidad

XIV

VI

XVIII

XVII

XIX

Siglo XVIII

Los países del Medio Oriente son asediados por la enfermedad.

Siglo XIX

China es escenario de una peste que ocasiona más de 10 millones de muertes.

Hoy

Los antibióticos modernos previenen los brotes y hacen que la peste sea menos mortal.

Moscas fóridas

Estas pequeñas moscas se encuentran en todo el mundo. Muchas especies de la mosca fórida viven en las regiones tropicales. Otras pueden encontrarse cerca. En algunos lugares se las conoce como *moscas de ataúd*. El nombre proviene de la carne muerta y podrida que comen las moscas. Algunos de los alimentos que comen portan bacterias dañinas. Las moscas fóridas son famosas por transmitir enfermedades.

Estos insectos son diminutos. Son delgados como un clip y pueden ser difíciles de ver. Este pequeño insecto también vive poco tiempo. Las moscas fóridas solo viven entre 14 y 37 días.

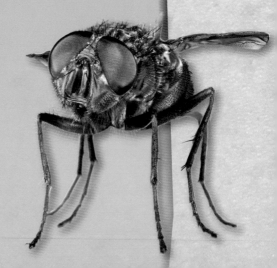

Solucionadores de crímenes

La estrecha relación de los insectos con la muerte y la descomposición puede ser algo más que desagradable. También puede ser útil. Algunos insectos, incluidas las moscas fóridas, ayudan a la policía a averiguar la hora en que una persona murió.

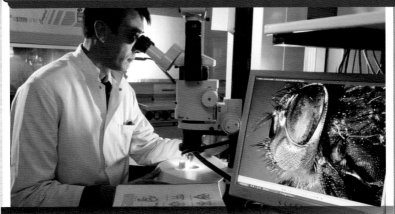

① Cuando una persona muere, su cuerpo comienza a descomponerse.

② Las moscas y otros insectos se alimentan de los cadáveres y ponen huevos en ellos.

③ La policía encuentra el cadáver y observa los insectos y los huevos que lo cubren.

④ Los **entomólogos forenses** estudian los insectos y sus ciclos de vida.

⑤ La edad de los insectos ayuda a los expertos a descubrir si el cuerpo ha estado muerto durante un par de días o varias semanas.

¡MÁS EN PROFUNDIDAD!

¡Cabeza abajo!

Algunos tipos de moscas fóridas se conocen como moscas **decapitadoras** de hormigas. ¿Puedes adivinar por qué recibieron ese nombre? La historia de la mosca decapitadora de hormigas comienza con una hembra que busca un sitio perfecto para poner sus huevos.

1 Las moscas hembras se reúnen en la entrada de un nido de hormigas.

2 A medida que pasan las hormigas, las moscas introducen huevos en los cuerpos de las hormigas.

3 Los huevos se incuban dentro de las hormigas y avanzan hacia las cabezas de estas.

7 Las moscas continúan creciendo en su interior. Aproximadamente dos semanas después se convierten en adultas y salen volando.

6 Las cabezas de las hormigas caen.

5 Las hormigas sobreviven pero vagan sin rumbo durante aproximadamente dos semanas.

4 Las moscas jóvenes comen los cerebros de las hormigas.

Micro sabandijas

Los microorganismos son criaturas diminutas. Algunos son más pequeños que un cabello. A menudo solo pueden ser vistos con una lupa o un microscopio. La partícula *micro* significa "muy pequeño", así que es perfecta para describir a las pequeñas sabandijas de este capítulo.

Estas criaturas diminutas cubren una extensa área. Viven prácticamente en cualquier parte de la Tierra. Se encuentran en el agua, en el suelo y en los conductos calientes de las profundidades del fondo oceánico. Incluso pueden hallarse en lo alto de la atmósfera terrestre.

Aunque los microorganismos sean pequeños, no significa que no sean importantes. Muchos científicos de todo el mundo han pasado sus vidas estudiando a estas micro criaturas. Gracias a la investigación, los biólogos saben que algunas micro criaturas viven solas. Pero otras viven en colonias. Algunas de ellas comen cosas vivas. Otras son ellas mismas una buena fuente de alimentación. Pero lo más importante es que los investigadores saben que estas pequeñas criaturas pueden tener un gran impacto sobre los seres humanos.

bacterias ampliadas

microorganismos cultivados a partir
del estornudo de un ser humano

Medimos

Micro significa "una millonésima parte". Es decir, ¡ $\frac{1}{1,000,000}$!
Un micrómetro es la millonésima parte de un metro.

Nematodos

Existen gusanos de todas las formas y tamaños. El nematodo es un tipo de gusano. Algunas especies son invisibles a simple vista; se necesita un microscopio para verlas. Pueden ser pequeños, pero son fascinantes. Estos gusanos pueden moverse entre los granos de arena. También pueden vivir en los **hábitats** más difíciles, casi una milla debajo de la tierra. ¡Han sobrevivido incluso a la explosión de un transbordador espacial! Muchos de ellos son parásitos. Pueden causar enfermedades en seres humanos, animales y plantas. Los nematodos conforman el 90 por ciento de los organismos que viven en el fondo oceánico.

Invasión de nematodos

Un nematodo descubierto recientemente es un parásito de las hormigas. El gusano hace que el cuerpo de la hormiga se vuelva de un color rojo brillante como una baya. Los pájaros comen las hormigas, confundiéndolas con frutas, y los huevos del nematodo pasan a los excrementos de los pájaros. ¡Es una manera de sobrevivir!

En las profundidades

Se han encontrado nematodos hasta 3,000 pies bajo tierra.

Tardígrados

Estas pequeñas criaturas pueden encontrarse en casi cualquier hábitat de la Tierra. Se han encontrado tardígrados en las montañas más altas y en las profundidades del mar. Sobreviven en campos de hielo congelados y en aguas tropicales cálidas. Los lagos y los estanques son algunos de sus hábitats favoritos. Los musgos y los líquenes son lugares donde también les gusta vivir. La mayoría de los tardígrados comen plantas. Sin embargo, algunas especies son depredadoras.

Son muy pequeños. Pero los tardígrados son las criaturas más fuertes de la Tierra. Pueden sobrevivir 10 años sin agua. ¡Los tardígrados han viajado incluso al espacio exterior! Han sobrevivido ocho días en el **vacío** y el frío extremo del espacio. Pueden soportar las presiones elevadas de los mares más profundos. Ni siquiera mueren a temperaturas de 300 °F.

Los tardígrados tienen cuerpos pequeños y gruesos y cuatro pares de patas. Parecen orugas en miniatura. El nombre *tardígrado* significa "que camina lento".

Fósiles vivos

¡Se han encontrado fósiles tardígrados en rocas de aproximadamente 500 millones de años de antigüedad!

Cuando los tardígrados se observaron por primera vez bajo el microscopio, recibieron el nombre de *osos de agua* debido a su forma y a su modo de moverse.

Insectos fuertes

En ambientes rigurosos, el tardígrado puede detener su **metabolismo** por completo. ¡Algunos pueden vivir así hasta 120 años! Y una vez que las condiciones difíciles mejoran, el tardígrado vuelve a la normalidad.

Nano criaturas

Las nano criaturas están por todas partes. Viven en el suelo que pisamos y en el agua que bebemos. Incluso están en el aire que respiramos. Viven *sobre* nuestros cuerpos y *dentro* de ellos.

La partícula griega *nano* significa "extremadamente pequeño". Pero los científicos están aprendiendo grandes cosas acerca de estos pequeños seres. La **nanotecnología** es un nuevo campo de la ciencia. Los expertos estudian a las criaturas más diminutas para aprender cómo sobreviven. Ellas son capaces de vivir en lugares inusuales. Viajan a través de los espacios más apretados. Cuando se investigue lo suficiente, se espera construir nano robots. Estas máquinas podrán trabajar en el interior del cuerpo humano o en lo profundo de enormes naves espaciales. Es un gran trabajo para la tecnología diminuta... ¡inspirada por las criaturas más diminutas del mundo!

Nano poder

Un nanómetro es una milmillonésima parte de un metro. Es decir, $\frac{1}{1,000,000,000}$! Significa que hay 1,000,000,000 de nanómetros en un metro. Hasta donde sabemos, solamente los átomos y las moléculas tienen este tamaño. En realidad ninguna criatura es así de pequeña, ¡pero las criaturas microscópicas más pequeñas merecen su propia palabra especial!

¡A la una, a las dos, a las tres!

El mundo está repleto de criaturas diminutas. Cuando se habla de estas mediciones, es bueno mantenerlas en perspectiva. Observa cómo se comparan estas criaturas.

ser humano

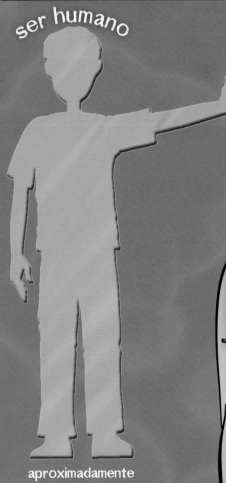

hormigas bala

aproximadamente
2 metros de altura
m = metro
aproximadamente 6 pies

2 centímetros
el tamaño de
un dedo pulgar
centímetro = $\frac{1}{100}$ metro

10 micrómetros

$\frac{1}{10}$ el grosor de un cabello humano

1 micrómetro = $\frac{1}{1,000,000}$ **metro**

plancton

- ¿Qué ventajas tiene usar diferentes unidades de medida para describir a estos animales diminutos?

- ¿Por qué piensas que les llevó a las personas tanto tiempo descubrir a estas criaturas diminutas?

- ¿Cómo podemos estudiar estas formas de vida tan pequeñas?

moscas fóridas

2 milímetros

el tamaño de una peca

1 milímetro = $\frac{1}{1,000}$ **metro**

Plancton

El plancton está formado por organismos diminutos que viven en el océano. El fitoplancton está formado por plantas diminutas. Utilizan la **fotosíntesis** para fabricar su alimento. El fitoplancton vive cerca de la superficie del océano, donde hay mucha luz. El zooplancton está formado por animales diminutos que viajan por el océano. Algunos de estos animales permanecen pequeños toda su vida. Otros crecen y se transforman en peces, erizos de mar o estrellas de mar. Hay muchas condiciones del océano que pueden afectar al plancton. El plancton debe viajar adonde lo lleve la corriente. Y nunca sabe qué encontrará. La contaminación del océano es uno de los peligros. El plancton es un recurso importante para los peces que se alimentan de él. Si el plancton está en peligro, miles de peces también lo estarán.

Grandes depredadores, presas diminutas

Algunas de las criaturas más grandes del océano se alimentan de las más pequeñas. Las ballenas, como por ejemplo la ballena barbada y la ballena azul, ¡pueden comer cientos de libras de plancton microscópico por día!

Un océano de vida

Los organismos diminutos como el plancton son el primer eslabón de la cadena alimenticia del océano. El plancton alimenta a muchas criaturas, grandes y pequeñas.

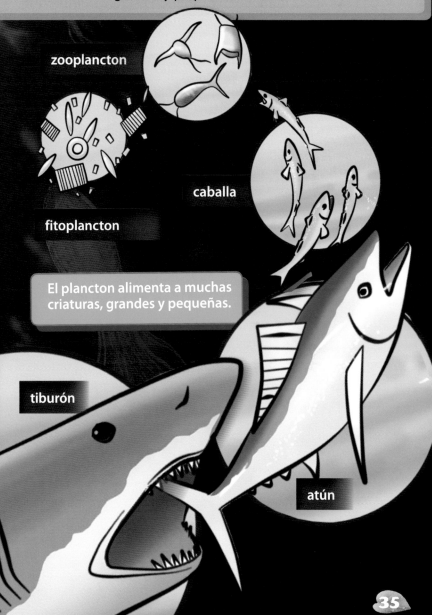

zooplancton

fitoplancton

caballa

El plancton alimenta a muchas criaturas, grandes y pequeñas.

tiburón

atún

Ácaros del polvo

Estos pequeños **artrópodos** se han adaptado a vivir con los seres humanos. El mundo estable del interior de una casa es perfecto para ellos. Los ácaros del polvo se alimentan de las escamas de piel muerta que dejan los seres humanos. No se alimentan de los seres humanos o de los animales, pero pueden encontrarse en los muebles, la ropa de cama y las alfombras.

Las pequeñas partes del cuerpo y los restos de los ácaros pueden causar graves alergias a los seres humanos. Los ácaros del polvo pueden incluso causar **asma** a algunas personas. El asma es una enfermedad que hace que los conductos de aire de los pulmones se inflamen. Los pulmones no pueden recibir suficiente aire para mantener al organismo.

El lavado y la limpieza de los muebles y la ropa pueden reducir la cantidad de ácaros del polvo. Los expertos aconsejan que congelar almohadas y juguetes puede matar a los ácaros del polvo. Una casa sin alfombras también hace que sea mucho más fácil evitar a los ácaros. Sin embargo, todas las casas tienen algunos ácaros del polvo... ¡no importa cuántas veces se limpie!

Las personas que sufren de asma pueden usar un inhalador para aliviar los síntomas.

Sed poderosa

Para sobrevivir, los ácaros del polvo absorben la humedad del aire y la almacenan en los costados de sus cabezas. Cuando tienen sed, pueden chupar el agua hacia sus bocas. En épocas excesivamente secas, los ácaros se juntan y comparten el agua.

Bajo el microscopio

Si estos organismos son tan pequeños, ¿cómo sabemos que existen? Necesitamos un microscopio para verlos. Incluso existe una clase especial de microscopio que toma fotografías muy cercanas de estas pequeñas criaturas. ¡El **microscopio electrónico de barrido** puede ver hasta el micro nivel y llegar hasta el nano nivel!

ácaro del polvo

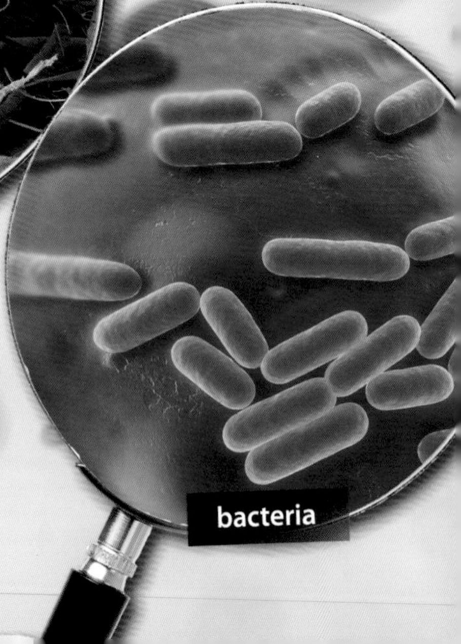

bacteria

Tomar fotografías a través de un microscopio se denomina *fotomicrografía*.

pulga

plancton

Una primera mirada

La invención del microscopio ha cambiado al mundo. Hace solo algunos cientos de años, la gente no tenía idea de que estos organismos existían. Antonie van Leeuwenhoek fue el primero en observar microorganismos a través del microscopio. En la actualidad, los científicos pueden estudiar estas criaturas en detalle.

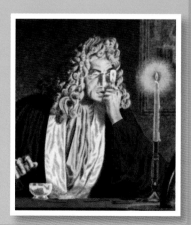

El gran final

Nuestro planeta tiene casi 8,000 millas de diámetro. Alberga a miles de millones de criaturas y a millones de diminutos mundos misteriosos. Con potentes microscopios y cuidadosos estudios, estamos aprendiendo sobre las sabandijas más sorprendentes de la Tierra. Ellas pueden causar una peste masiva o alimentar a una ballena enorme. Pueden meterse en los rincones más pequeños del mundo o llenar un océano entero. Pueden atacar como un asesino mortífero u ocultarse en un mundo invisible. Ya sea que vivan en nuestro cabello o en las profundidades de la tierra, estas criaturas diminutas producen grandes efectos. Y tienen mucho que enseñarnos acerca de cómo sobrevivir en este mundo salvaje.

estreptococo

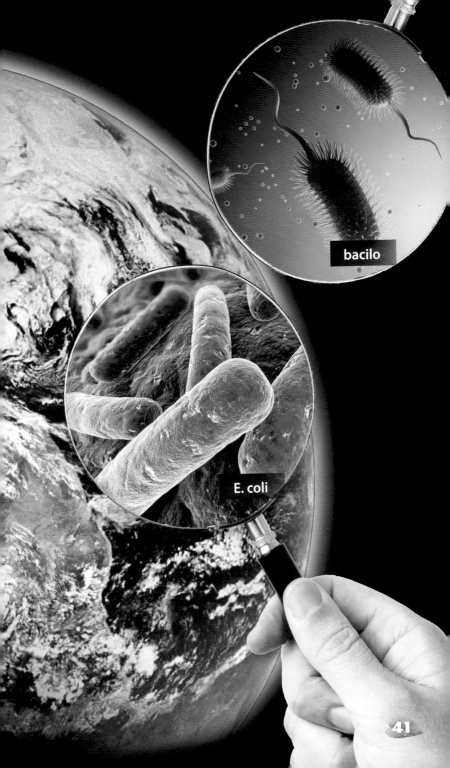

bacilo

E. coli

Glosario

agresivas: listas para atacar

arácnidos: artrópodos como las arañas, los escorpiones y las garrapatas

artrópodos: animales con cuerpos segmentados, extremidades articuladas y caparazón

asesina: alguien que mata a una persona importante

asma: una enfermedad que hace que los conductos de aire de los pulmones se inflamen

decapitadoras: que cortan la cabeza de un organismo

entomólogos forenses: personas que estudian la biología de los insectos y su aplicación a los crímenes

fotosíntesis: proceso por el cual las plantas fabrican energía del agua y el aire a la luz del sol

hábitats: lugares donde viven los organismos

huéspedes: organismos que tienen un parásito que vive sobre o dentro de ellos

metabolismo: proceso por el cual las células se dividen o acumulan sustancias esenciales para la vida

microscopio electrónico de barrido: un instrumento que se utiliza para estudiar objetos a nivel atómico

nanotecnología: arte de usar y controlar materiales a escala muy pequeña, especialmente a escala atómica o molecular

parásitos: organismos que viven sobre o dentro de los organismos huéspedes

período cretácico: una época en la historia de la Tierra,
145.5 a 65.5 millones de años atrás
peste: una enfermedad, transmitida por las pulgas, que
puede matar a muchas personas
potente: poderoso
vacío: un espacio sin materia ni aire
veneno: una sustancia tóxica

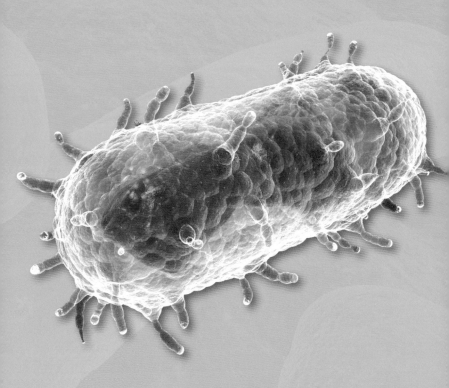

Índice

Bibliografía

Jackson, Donna M. *The Bug Scientists.* **Houghton Mifflin Books for Children, 2002.**

Con la ayuda de varios científicos, este libro echa un vistazo a los insectos que se arrastran, nadan y saltan. Los escenarios incluyen la morgue, una clase al aire libre y un festival de insectos, con un concurso de escupir grillos y carreras de cucarachas.

Snedden, Robert. *Yuck! A Big Book of Little Horrors.* **Simon & Schuster Children's Publishing, 1996.**

En enormes fotografías a color se muestra una vista ampliada de elementos comunes de la casa y las criaturas diminutas que acechan en cada rincón.

Walker, Richard. *Kingfisher Knowledge: Microscopic Life.* **Kingfisher, 2004.**

En este libro se examina cómo algunos organismos nos ayudan a luchar contra las enfermedades y a producir alimentos, pero otros pueden ser dañinos y producir caries, envenenamiento de alimentos y epidemias mortales.

Zamosky, Lisa. *Investigating Simple Organisms.* **Teacher Created Materials, 2008.**

Averigua más sobre el descubrimiento microscópico de Antonie van Leeuwenhoek y cómo los científicos clasifican las plantas y los animales más pequeños.

Más para explorar

The Bug Club
http://www.amentsoc.org/bug-club

Este sitio web es para cualquiera que se interese en los insectos y las horribles sabandijas. Hay varias secciones, entre ellas juegos, consejos para la identificación de insectos y el club de insectos para las escuelas (*Bug Club for schools*).

Burge Pest Control
http://www.burgepest.com

Este sitio web de control de plagas contiene fotos excelentes de las plagas que podrías encontrar en tu casa. Los expertos te muestran cómo diferenciar entre hormigas, termitas, avispas, abejas, arañas, cucarachas, chinches, pulgas, garrapatas y lepismas.

Get This Bug Off of Me!
http://www.uky.edu/Ag/Entomology/ythfacts/stories/hurtrnot.htm

Este sitio web contiene fotos y descripciones de insectos que no son dañinos, entre ellos los opiliones, los milpiés y las cucarachas. En la parte de abajo de la página se enumeran los insectos que pueden morder o picar, como por ejemplo los ciempiés, los escorpiones y las pulgas.

Monsters Inside Me
http://animal.discovery.com/videos/monsters-inside-me-videos/

Esta serie de videos cortos describen brevemente a 17 parásitos diferentes, a quiénes afectan y el daño que producen. Estos videos dinámicos seguramente te harán estremecer.

Acerca del autor

Timothy J. Bradley se crió cerca de Boston, Massachusetts, y pasaba cada minuto libre que tenía dibujando desde los dinosaurios más grandes hasta las criaturas más diminutas. Era tan divertido hacerlo que comenzó a escribir e ilustrar libros sobre historia natural y ciencia ficción. Timothy también trabajó como diseñador de juguetes en Hasbro, Inc. y diseñó dinosaurios de tamaño natural para exposiciones de museo. Después de escribir este libro, tuvo pesadillas sobre miles de microorganismos que se metían debajo de su piel. Timothy vive en el soleado sur de California con su esposa e hijo.